LA TERREUR,

LE TOURNANT DE LA RÉVOLUTION

—— Une période sombre
de l'histoire française

par Mélanie Mettra

50MINUTES

Avec la collaboration de Thomas Jacquemin

LA TERREUR

- **Quand ?** De 1792 à 1794
- **Où ?** En France
- **Contexte ?** La Révolution française (1789)
- **Protagonistes principaux?**
    ◦ Georges Couthon (1755-1794)
    ◦ Maximilien Robespierre (1758-1794)
    ◦ Louis Antoine Saint-Just (1767-1794)
- **Répercussions ?**
    ◦ La Terreur blanche (mai-juin 1795)
    ◦ Le Directoire (26 octobre 1795-9 novembre 1799)

S'il est d'usage de fixer le début de la Révolution française en 1789, il est bien difficile d'en donner le terme. Elle est en effet marquée par une succession de régimes très divers, de la monarchie à une forme de monarchie constitutionnelle, de la république au consulat, jusqu'à l'Empire. Il est tout aussi malaisé de dessiner les contours des représentations qu'elle véhicule et de l'imaginaire qui l'entoure.

Elle est tout à la fois symbole de liberté, de réalisation des idéaux des Lumières, tout en étant frappée du sceau de la violence et du sang. C'est tout particulièrement le cas de deux années de gouvernement dont la dénomination donne toute la mesure : la Terreur. Entre 1792 – ou 1793, délimiter les sursauts de l'histoire est, là encore, une tâche ardue – et 1794, alors que naît la Première République de l'histoire de France, les hommes qui ont pensé la Révolution tentent de la fonder et de la protéger par les moyens qu'ils dénonçaient et qu'ils continueront de dénoncer. Époque de paradoxes, à l'image de l'instauration d'une démocratie par l'oligarchie, de confrontation de conceptions du progrès politique et humain profondément divergentes, elle fait également entrer dans la postérité des personnages aussi fascinants qu'effrayants.

CONTEXTE

LA FIN DE LA MONARCHIE

En 1789, au terme de lourdes dissensions avec le Parlement de Paris, les parlements provinciaux et le clergé au sujet de la création d'un nouvel impôt destiné à renflouer les caisses de l'État, et après des manifestations populaires de plus en plus violentes, Louis XVI (1754-1793) ordonne la réunion des états généraux. Représentant la noblesse, le clergé et le tiers état, ils sont pour ce dernier l'occasion d'exprimer une volonté de renouveau imprégnée par la philosophie des Lumières et la Révolution américaine (1776-1783).

LES REVENDICATIONS DU PEUPLE ET DES ÉTATS GÉNÉRAUX

Face à la crise économique et parlementaire, les revendications du peuple sont recueillies dans les cahiers de doléances, dont la rédaction précède l'ouverture des états généraux afin de servir les débats qui vont s'y dérouler.

Personne n'est hostile à la monarchie, mais chacun souhaite que l'avis de tous soit entendu. La population urbaine et rurale désire obtenir une baisse des impôts et des taxes, une politique plus efficace contre la misère et la famine, et moins d'inégalité. Le tiers état, quant à lui, réclame avant tout une constitution octroyant davantage de libertés individuelles et l'égalité de tous devant la loi, un pouvoir législatif conjoint avec le peuple et le roi ainsi qu'un pouvoir exécutif aux seules mains du monarque conjoint.

Les états généraux se réunissent pour la première fois au mois de mai 1789 à Versailles. La crainte d'un vote par ordre (une voix pour la noblesse, une voix pour le clergé, une pour le tiers état) se confirme pour les députés du tiers, qui seraient dès lors en minorité. Il se proclame alors Assemblée nationale, représentative de la majorité de la population française. Interdit de siéger avec les deux autres ordres, le tiers se réunit le 20 juin 1789 dans la salle du Jeu de paume, où il fait serment de ne se séparer qu'une fois une constitution rédigée. Ralliés par les députés du clergé, les trois ordres finissent par être réunis.

Mais l'épreuve de force qui les a opposés au roi, la présence des troupes royales autour du siège des états généraux, la publication de pamphlets et de libelles ainsi que la crainte de la famine ont attisé la colère des Parisiens, qui s'emparent des dépôts de munitions des Invalides puis de la Bastille le 14 juillet 1789. Les événements se précipitent alors. Dans la nuit du 4 août, les privilèges liés au système féodal sont abolis. Le 26 août, la Déclaration des droits de l'homme est adoptée. Mais Louis XVI persiste à rejeter les textes promulgués par l'Assemblée constituante, même lorsque celle-ci prévoit un droit de veto pour les représentants de la noblesse et du clergé.

Au mois d'octobre, alors que la crainte de famine frappe à nouveau la population parisienne, celle-ci se rend en masse à Versailles et contraint le roi à quitter la ville pour gagner Paris. Dans son palais des Tuileries, devenu résidence surveillée, Louis XVI assiste à la radicalisation de l'Assemblée. Il est arrêté dans la nuit du 20 au 21 avril 1791 à Varennes, alors qu'il tente de fuir l'étau parisien avec sa famille. Ramené dans la capitale, l'Assemblée le confirme dans ses prérogatives de monarque constitutionnel, mais le peuple éprouve désormais du ressentiment à son égard pour ce qu'il considère comme une trahison.

Devenu roi des Français – et non plus roi de France –, il accepte la nouvelle constitution en septembre 1791 et soutient la partie girondine de l'Assemblée législative, qui succède à l'Assemblée constituante, dans sa volonté de déclarer la guerre à l'empereur d'Autriche au printemps 1792. S'il se montre favorable à cette lutte, ce n'est pas pour diffuser la révolution comme le désirent les députés, mais dans l'espoir que son beau-frère défasse les troupes françaises et le rétablisse pleinement dans son autorité. Au mois de juillet, les Prussiens entrent en Lorraine et, à la demande de Marie-Antoinette (reine de France, 1755-1793), le duc Charles Guillaume de Brunswick (commandant en chef des armées austro-prussiennes, 1735-1806) rédige un manifeste dans lequel il menace le peuple d'une « vengeance exemplaire » en cas d'atteinte au roi et à sa famille. Les Parisiens, convaincus de la duplicité du souverain, laissent exploser leur colère le 10 août 1792. Les sections parisiennes, réunies dans une Commune insurrectionnelle, prennent les Tuileries, contraignant la famille royale à se réfugier à l'Assemblée. Alors que celle-ci est enfermée à la prison du Temple, les preuves de son entente avec les puissances étrangères contre la France révolutionnaire conduisent le gouvernement de la Première République, proclamée le 21 septembre 1792, à mettre Louis XVI en accusation. À l'issue d'un procès qui s'ouvre le 10 décembre 1792 et se termine le 18 janvier 1793, le roi, désigné sous le nom de Louis Capet, est condamné à mort. Il est guillotiné le 21 janvier 1793.

LA GUERRE EN EUROPE ET EN FRANCE

Le 20 avril 1792, le roi et l'Assemblée déclarent la guerre à l'Autriche. L'armée de métier, armée royale, a perdu beaucoup de ses effectifs du fait de l'émigration des officiers et des désertions. Par conséquent, dès 1791, l'Assemblée constituante lance le recrutement de volontaires. Près de 100 000 jeunes hommes s'engagent par patriotisme. Les effectifs ayant encore été renforcés par un second appel en 1792, lors de la déclaration de guerre, ce sont environ 300 000 hommes qui sont envoyés sur les différents fronts à l'Est et au Nord de la France. L'armée française alterne capitulations et victoires. Les Prussiens remportent les batailles de Longwy et Verdun (23 août 1792), mais sont défaits à Valmy (20 septembre 1792) par les généraux Charles-François Dumouriez (1739-1823) et François Étienne

Kellerman (1770-1835). Dumouriez remporte encore la bataille de Jemmapes (Belgique) contre les Autrichiens le 6 novembre. Mais les nations européennes se regroupent en coalition, la première d'une série de sept qui se succéderont jusqu'en 1815.

La France déclare alors la guerre à l'Angleterre et aux Provinces-Unies (Pays-Bas septentrionaux) en février 1793 et à l'Espagne en mars. La menace qui pèse désormais de toute part sur les frontières françaises contraint la Convention (qui a succédé à l'Assemblée législative en septembre 1792) à ordonner une levée en masse de 300 000 hommes. Le volontariat ne suffisant pas à fournir le contingent nécessaire, on procède alors à la réquisition. Au patriotisme des volontaires de 1790 succède le mécontentement des enrôlés, tout particulièrement dans les régions de l'Ouest de la France (Vendée, Loire-Inférieure et Maine-et-Loire), qui se soulèvent au printemps 1793.

La Convention se trouve désormais aux prises à la fois avec la guerre contre les nations européennes coalisées et avec une guerre civile qui l'oppose aux insurgés vendéens. Le 10 octobre 1793, elle déclare la patrie en danger, met la Terreur à l'ordre du jour, et instaure un gouvernement extraordinaire, dit « révolutionnaire ». Ajournant l'application de la constitution, la Convention centralise l'essentiel des pouvoirs afin de protéger la République jusqu'au rétablissement de la paix.

GIRONDINS ET MONTAGNARDS

L'Assemblée législative puis la Convention sont le lieu de jeux de pouvoir entre groupes politiques. Les deux principaux, dont la lutte fratricide fonde les débuts de la Terreur, sont les Girondins et les Montagnards.

Les premiers, surnommés Girondins du fait de l'origine essentiellement girondine de ses représentants, sont également connus sous le nom de Brissotins, du nom de leur chef de file, Jacques Pierre Brissot (écrivain et homme politique français, 1754-1793). Avocats, journalistes, ce sont des bourgeois aisés, ardents défenseurs de la Révolution, mais craignant la ferveur populaire. Cette méfiance les conduit à rompre rapidement avec les Jacobins, qu'ils accusent d'attiser les mouvements insurrectionnels parisiens. Les Girondins dominent l'Assemblée législative et sont partisans d'une monarchie constitutionnelle. En mars 1792, Louis XVI forme un gouvernement girondin qui se fait le promoteur de la guerre contre les monarchies européennes. Mais les premiers revers militaires, le passage du général Charles-François Dumouriez à l'ennemi suite aux attaques dont il a fait l'objet à la Convention, le soulèvement du 10 août 1792 et la condamnation à mort de Louis XVI à laquelle les Girondins tentent de s'opposer, les mettent dans une position périlleuse au sein de la Convention. La chute de la Gironde se précise au printemps 1793. Après avoir rejeté la création du tribunal révolutionnaire en mars, elle tente de museler la Commune parisienne par l'arrestation du député montagnard et président des Jacobins Jean-Paul Marat (médecin et homme politique français, 1743-1793), et par la création d'une commission chargée d'enquêter sur les sans-culottes (manifestants). Ceux-ci se soulèvent le 31 mai 1793 et encerclent la Convention le 2 juin, la contraignant, sous la terreur, à voter l'arrestation de 31 députés de la Gironde. Une dizaine d'entre eux, dont Jacques Pierre Brissot et Manon Roland (dite Madame Roland, femme de lettres française, 1754-1793) sont guillotinés le 31 octobre et le 8 novembre 1793. Certains, ayant réussi à fuir, participent aux insurrections fédéralistes que suscite l'élimination des Girondins. La Convention est alors aux mains des Montagnards.

Face à la Gironde, la Montagne est également composée d'avocats et de journalistes, ainsi que d'hommes de lettres ou de théâtre. Farouchement hostile à la monarchie et favorable à la mort du roi, elle s'appuie sur les sections parisiennes, les clubs jacobins et les sans-culottes afin de mettre en place la République à laquelle ceux-ci aspirent, tout en craignant leurs débordements. Parmi eux se trouvent notamment Maximilien Robespierre, Georges Danton (avocat et homme politique français, 1759-1794), Jean-Paul Marat et Jean-Marie Collot d'Herbois (comédien et homme politique français, 1749-1796). Artisans de la Terreur, ils se divisent néanmoins rapidement en courants distincts, des plus modérés aux plus extrémistes, dont les représentants tombent tour à tour sous le couperet de la guillotine, entraînant la quasi-disparition de la Montagne jusqu'au milieu du XIXe siècle.

La Révolution française est une période complexe du fait de la multitude de courants politiques et d'expression. Les Girondins, par exemple, afin de faire face au radicalisme de la Montagne et à la puissance des sections parisiennes, défendent le fédéralisme. Les fédéralistes, habitants des villes de province, sont partisans d'une certaine autonomie des départements face à l'hégémonie de la capitale. Ils se soulèvent à Marseille et à Lyon en 1793, lorsque les Girondins sont évincés et arrêtés par les partisans de la Montagne.

De son côté, la Montagne compose entre autres avec les sans-culottes. Ce terme désigne la population révolutionnaire modeste, qui anime en grande partie la Commune de Paris, au sein des sections. En 1790, la ville de Paris a en effet été découpée en 48 divisions territoriales et administratives nommées sections, chargées d'abord d'élire les membres du conseil municipal. La ville obtient ainsi son indépendance face au pouvoir central et constitue une Commune à part entière. Mais une partie des sections, qui se dotent de comités très actifs, deviennent rapidement des foyers de mouvement révolutionnaire, appelant à l'insurrection et faisant ainsi pression sur les différentes assemblées.

BIOGRAPHIES

MAXIMILIEN MARIE ISIDORE DE ROBESPIERRE

Maximilien Robespierre est né à Arras le 6 mai 1758. Après la mort de sa mère et le départ de son père, il est élevé avec ses quatre frères et sœurs par son grand-père maternel, brasseur à Arras. L'évêque de la ville, ayant remarqué ses talents, lui permet d'obtenir une bourse afin d'étudier le droit à Paris, au lycée Louis-le-Grand.

Avocat en 1781, il fréquente les milieux philosophiques de l'Artois, où il exerce sa profession. Il est élu député du tiers état lors de la réunion des états généraux par Louis XVI en 1789. Partisan depuis toujours de la démocratie intégrale (suffrage universel direct, instruction obligatoire et gratuite, impôt proportionnel au revenu, abolition de l'esclavage, etc.), il rejette toute forme de privilège nobiliaire ou clérical. Il devient président du club des Jacobins en 1790 et commence à se faire remarquer à l'Assemblée constituante et par le peuple parisien, qui le surnomme « l'Incorruptible ». Par ailleurs, il rejette la politique militaire et guerrière de l'Assemblée législative.

En 1792, son opposition avec le général de La Fayette (militaire et homme politique français, 1757-1834), qui soutient une monarchie constitutionnelle et dénonce le pouvoir des Jacobins, aboutit au drame de l'insurrection du 10 août 1792. Après la prise des Tuileries par les sections parisiennes, Robespierre demande l'élection d'une nouvelle Assemblée, et la destitution du roi. En tant que député de la Convention, il en préside le procès.

En 1793, il anime le groupe politique des Montagnards, qui s'emploie à écraser des Girondins jugés trop modérés. Face aux dangers qui pèsent sur la République, les Montagnards instaurent en octobre 1793 un gouvernement révolutionnaire qui entend, par des mesures exceptionnelles, fonder les institutions démocratiques. C'est un gouvernement par la terreur, reposant sur la répression massive et systématique de toute forme d'opposition à la politique révolutionnaire, menée par les membres du Comité de salut public dont fait partie Robespierre.

Il instaure le culte de l'Être suprême en novembre 1793 et fait voter l'abolition de l'esclavage en février 1794. Mais la loi du 22 prairial (10 juin 1794), qui durcit les conditions de comparution des accusés devant le tribunal révolutionnaire, soulève de fortes oppositions au sein de la Convention et même du Comité de salut public. Abandonné par ceux-là même qui l'avaient soutenu, Robespierre est interdit de tribune le 9 thermidor (27 juillet 1794). Arrêté avec ses compagnons Louis Antoine Saint-Just, Philippe Le Bas (avocat et homme politique français, 1764-1794), Georges Couthon et son frère Augustin Robespierre (avocat et homme politique français, 1763-1794), mais soutenu par une partie de la Commune de Paris, il est libéré et se réfugie avec les autres accusés à l'Hôtel de Ville. La Convention, craignant une nouvelle insurrection de la Commune, met immédiatement les accusés hors-la-loi, ce qui les condamne à la mort sans procès. Le 10 thermidor (28 juillet), les gardes nationaux les arrêtent, après que Maximilien a tenté de se suicider d'une balle dans la mâchoire. Il est guillotiné en fin d'après-midi sur la place de la Révolution.

LOUIS ANTOINE LÉON SAINT-JUST

Né le 25 août 1767 dans la Nièvre (Bourgogne), Louis Antoine Saint-Just est le fils d'un capitaine de cavalerie. Il commence des études de droit et devient clerc de procureur. Orphelin de père, sa mésentente avec sa mère lui vaut d'être interné dans une maison de redressement parisienne d'automne 1786 à mars 1787. De retour dans sa ville de Blérancourt (Picardie), il entre dans la garde nationale en 1789. Il participe à la fête de la Fédération du Champ-de-Mars le 14 juillet 1790.

Élu député de l'Aisne à la Convention en septembre 1792, il s'y fait remarquer par ses prises de position exaltées. Fervent admirateur de Robespierre, il le soutient inconditionnellement. Dès son entrée au Comité de salut public, en mai 1793, il attaque avec virulence les Girondins et réclame un gouvernement révolutionnaire autoritaire. À l'automne, il est chargé d'assurer le ravitaillement et l'habillement de l'armée du Rhin et de rétablir le moral des troupes. En janvier 1794, il effectue la même mission auprès de l'armée du Nord, permettant la victoire de Fleurus.

En février 1794, il est élu président de l'Assemblée et tente de jeter les bases économiques et sociales du gouvernement auquel il aspire. Mais leur dureté et son implication dans des fausses rumeurs visant à faire accuser les dantonistes lui attirent l'inimitié de la Convention. Il est décrété d'accusation le 9 Thermidor (27 juillet 1794) avec Robespierre et est guillotiné avec lui le 10.

GEORGES COUTHON

Né le 22 décembre 1755 près de Clermont-Ferrand, Georges Couthon fait des études de droit, devient avocat puis président du tribunal de Clermont-Ferrand en 1790.

Élu député en 1791 à l'Assemblée législative, puis réélu à la Convention, il rejoint les Montagnards, à la fois virulent dans ses discours et prônant la modération dans les sanctions. Il rejoint Robespierre et Louis Antoine Saint-Just au Comité de salut public en juillet 1793, et est envoyé en mission pour rétablir l'ordre à Lyon, qui s'est soulevé depuis le mois de mai contre la Convention à la suite de la chute des Girondins. Il fait le siège de la ville, dans laquelle il entre le 9 octobre, entame une répression qui sera poursuivie, après son rappel à Paris, par Jean-Marie Collot d'Herbois et Joseph Fouché (professeur et homme politique français, 1759-1820). Nommé président de l'Assemblée en décembre 1793, il est le rapporteur des lois du 22 prairial, qui durcissent les conditions de jugement des accusés, supprimant les défenseurs et réduisant les sanctions à la seule peine de mort. Il est arrêté et guillotiné en même temps que Robespierre, le 28 juillet 1794.

LA TERREUR

Déterminer la date du début de la Terreur – 1792 ou 1793 – n'est pas chose aisée. Il ne s'agit pas en effet d'un changement de régime entériné à une date précise, mais bien d'un processus mis en place sur plusieurs mois avant que l'on en observe les effets.

D'UN AUTOMNE À L'AUTRE

À l'été 1792 commencent les soubresauts de la Terreur. Après la déclaration de guerre à l'Autriche, les premiers mois du conflit sont marqués par les défaites successives des troupes françaises. Au mois de juin, le roi oppose son veto à la levée de troupes pour la défense de Paris, provoquant la colère du peuple, qui y voit une stratégie pour le livrer aux armées étrangères. Menacée de lourdes représailles en cas d'atteinte à la famille royale par le manifeste de Brunswick (23 juillet 1792), la capitale se soulève en une Commune insurrectionnelle le 10 août. Le 30 août, les visites domiciliaires (descente arbitraire de forces armées au domicile des suspects de trahison) sont rétablies.

Fin août et début septembre 1792, deux nouvelles défaites de l'armée française suscitent une fois encore la panique des Parisiens. Entre le 2 et le 6 septembre, craignant l'arrivée des ennemis, ils envahissent les prisons et massacrent près de 1 300 prisonniers, prêtres et membres de l'aristocratie, dont ils craignent la libération. Le lendemain de la victoire des troupes françaises à Valmy, la monarchie est abolie et la Première République proclamée. Le 2 octobre 1792 est créé le Comité de sûreté générale, chargé de la police et de la sûreté de l'État par la prévention, la surveillance et la punition des crimes de contre-révolution. Son effet est rétroactif, et des affaires remontant au soulèvement du 10 août attirent leur attention.

Alors que s'ouvre le procès du roi, les tensions à la Convention s'exacerbent entre Girondins et Montagnards. Les Girondins tentent de prévenir la mort de Louis XVI, et s'opposent à la radicalisation de la politique sous la pression de la Commune. Mais ils ne peuvent empêcher la création, au mois de mars 1793, d'un réseau de contrôle et de répression de la contre-révolution : le décret du 9 mars remplace les commissaires de la Convention par le statut de représentants en mission, députés ayant tous pouvoirs pour appliquer les décisions prises par l'Assemblée en province. Le 10 mars est instauré le tribunal révolutionnaire, chargé de juger les crimes contre-révolutionnaires. Le 21 mars sont créés les Comités de surveillance révolutionnaires, dont les membres désignés par les représentants en mission sont chargés de surveiller les étrangers et les suspects ainsi que de faire appliquer les lois révolutionnaires dans toutes les communes françaises. Le 6 avril, c'est au tour du Comité de salut public d'entrer en fonction. Composé d'un collège de 9, 14 puis finalement 12 députés élus par leurs pairs, c'est en fait un gouvernement à part entière, composé de ministres, qui décide de la politique à mettre en place.

Dans le même temps, la Vendée se soulève face à la levée en masse de 300 000 soldats, tandis que les volontaires revenus du front après la victoire de Jemmapes rechignent à retourner au combat.

Pour tenter de contrecarrer l'impulsion radicale donnée par la partie montagnarde de l'Assemblée à la République, les Girondins font arrêter le député Jean-Paul Marat. Celui-ci est à l'origine des décrets de création des institutions révolutionnaires et appelle, à la tribune comme dans son journal, *L'Ami du peuple*, à l'insurrection. Acquitté par le tribunal révolutionnaire et porté en triomphe par les sections parisiennes, il organise en représailles le soulèvement du 2 juin 1793, qui entraîne la chute et la condamnation à mort des principaux chefs de file de la Gironde. Son assassinat, le 13 juillet 1793, continue d'exacerber la violence.

Dans les villes de Bordeaux, Lyon et Marseille, la population se soulève durant l'été, cette fois pour soutenir non pas la Révolution, mais la modération. Les fédéralistes, partisans d'une plus grande autonomie des villes, soutenant les Girondins, se révoltent contre l'autoritarisme croissant et arbitraire de la capitale. À Marseille, les représentants en mission sont chassés, les Jacobins guillotinés. À Lyon, le Montagnard Marie Joseph Chalier (1747-1793), à la tête de la municipalité, est renversé et exécuté le 17 juillet. Le 28 août, la population toulonnaise préfère se livrer aux Anglais que de subir le joug de la Convention.

Face à la tourmente, le mot « terreur » fait son apparition : le 5 septembre 1793, Bertrand Barère (juriste et homme politique français, 1755-1841) proclame que la Terreur doit être mise à l'ordre du jour. Terreur qui doit peser sur les contre-révolutionnaires pour sauver la République des dangers qui la menacent, mais aussi sur le peuple, pour canaliser sa violence incontrôlable par celle, organisée, du nouveau gouvernement.

GOUVERNER À LA GUILLOTINE

Le but du nouveau gouvernement, décrété « révolutionnaire » (entendre « extraordinaire »), est donc de réussir à combattre l'ennemi à l'extérieur, mais surtout à l'intérieur. Il veut réduire à néant toute forme d'opposition, en mettant un terme aux soulèvements vendéens, fédéralistes et aux moindres conspirations ou oppositions, fausses ou avérées, au sein même de ses dirigeants. Pendant dix mois, les institutions mises en place au printemps 1793 vont, à marche forcée, tenter de restaurer la « vertu révolutionnaire », en essayant de trouver un équilibre entre une pression populaire parfois extrémiste et la volonté de conserver une forme de parlementarisme.

Dès le 17 septembre 1793 est votée la loi des suspects, qui définit comme tel tout noble, membre de la famille des émigrés, fonctionnaire de la monarchie, mais également toute personne, qui par ses actes, ses paroles ou ses écrits laisserait penser qu'elle est partisane de la monarchie ou du fédéralisme. Elle permet également l'arrestation de suspects sur simple présomption par les comités de surveillance locaux et le renvoi au Comité de sûreté générale.

Le 29 septembre, la loi dite du « maximum », bloque les prix et les salaires. La Convention tente ainsi de trouver une réponse aux problèmes constants d'approvisionnement. Face à la faim, moteur principal des révoltes populaires quasi quotidiennes depuis le printemps, la loi des suspects s'étend d'ailleurs rapidement à toute personne qui alimenterait cette peur, véhiculerait de fausses informations sur le ravitaillement ou en empêcherait le bon fonctionnement. À partir de ce même mois de septembre, des armées révolutionnaires sont chargées de parcourir les campagnes afin de veiller au respect des prix et des mesures d'approvisionnement prises par l'Assemblée. Les accapareurs sont passibles de la peine de mort.

Le fonctionnement du nouveau gouvernement est organisé par le décret du 4 décembre 1793. À sa tête, on trouve deux comités : le Comité de sûreté générale et le Comité de salut public. Le second compte parmi ses 12 membres des représentants de tendances diverses : des modérés, comme Bertrand Barère, des Montagnards plus affirmés comme les Jacobins Robespierre, Louis Antoine Saint-Just, Georges Couthon, et des représentants de la frange plus extrémiste, soutenus par le club des Cordeliers, comme Jean-Marie Collot d'Herbois et Jean Nicolas Billaud-Varenne (avocat et homme politique français, 1756-1819). Le Comité de salut public signe les arrêtés, surveille les ministres, dirige les armées, et présente à la Convention ses décisions et textes de loi. Pour l'opinion publique, ce comité n'est qu'un prétexte et l'exercice réel du pouvoir lui paraît résider dans les mains d'un triumvirat composé de Robespierre, de Louis Antoine Saint-Just et de Georges Couthon. S'ils sont certes à l'origine des mesures les plus importantes prises entre l'automne 1793 et le printemps 1794, elles sont néanmoins décidées de façon collégiale.

Le tribunal révolutionnaire est réorganisé. À sa tête se trouve l'accusateur public Antoine Fouquier-Tinville (1746-1795), assisté de substituts et d'un jury nommé par la Convention sur proposition des deux comités. Ses décisions sont sans appel et sans recours. À mesure que son activité se renforce, le nombre croissant de prisonniers contraint à l'ouverture de nouvelles prisons. Dans les derniers mois de 1793, près de 200 condamnations à mort sont prononcées, dont celle de la reine Marie-Antoinette.

En province, les soulèvements fédéralistes sont violemment réprimés. Lyon est investi le 9 octobre après un long siège, et Bertrand Barère fait adopter par la Convention un décret condamnant la ville à être rasée et à disparaître de la liste des communes de France, portant désormais le nom de Ville-Affranchie. La répression des représentants en mission Jean-Marie Collot d'Herbois et Joseph Fouché fait plus de 2 000 victimes. Toulon est repris en décembre. Après la débâcle de l'armée royale et catholique de Vendée, Louis Marie Turreau (général français, 1756-1816) constitue en janvier 1794 les colonnes infernales, chargées d'anéantir le soulèvement vendéen. À Nantes, Jean-Baptiste Carrier (procureur et homme politique français, 1756-1794) procède à une épuration de masse par les exécutions et les noyades dans la Loire des prisonniers.

FONDER UNE RÉPUBLIQUE ÉGALITAIRE

Pendant les 10 mois que dure la Terreur, le gouvernement révolutionnaire ne se contente pas de faire la chasse aux suspects et de passer au fil de la guillotine la population française. Le but du gouvernement extraordinaire est en effet de fonder la République, en lui donnant des cadres légaux. Tout un arsenal législatif, trop souvent ignoré, est donc élaboré durant cette période.

Une des lois les plus importantes, manifeste de l'égalité des hommes, est l'abolition de l'esclavage, le 4 février 1794.

Dans le cadre du droit de la famille, le droit d'aînesse en matière de succession est supprimé au profit du partage égalitaire, qui s'étend même aux enfants illégitimes (2 novembre 1793). Le divorce, autorisé depuis septembre 1792, est complété de mesures additionnelles par décret en avril 1794.

L'instruction est également l'objet de toutes les attentions, même si elle se caractérise par un certain extrémisme : la nation doit prendre en charge les enfants dès leur plus jeune âge pour les former à la pensée républicaine, en les écartant des possibles influences familiales néfastes. Les lois organisant l'instruction primaire et la rémunération des instituteurs sont promulguées en février 1794.

Dans le domaine économique, la loi du maximum s'applique en temps de crise, mais dans un cadre qui tente de préserver une certaine liberté de commerce. Ainsi la loi du 11 mars 1794 permet le libre-échange avec toutes les nations alliées ou neutres dans le conflit qui oppose la France à la coalition.

La tentation de la déchristianisation (qui s'exprime dans le nouveau calendrier) et de l'athéisme, promu par les Hébertistes (qui soutiennent Jacques René Hébert, journaliste et homme politique français, 1757-1794), est repoussée par les robespierristes, et la Convention maintient la liberté de culte, y ajoutant celui de l'Être suprême. Un décret sauve également de la déportation les ecclésiastiques mariés.

Plusieurs lois organisent la bienfaisance nationale auprès des plus démunis, des personnes âgées, des femmes et des mères isolées, comme celle du 8 ventôse an II (26 février 1794), qui prévoit la redistribution aux plus pauvres des biens confisqués aux émigrés.

LA FIN DE LA TERREUR

Mais, dès le mois de décembre 1793, de nouvelles dissensions se font jour au sein des Montagnards. Robespierre et ses partisans tentent de naviguer entre la tiédeur et l'exacerbation révolutionnaire. Jacques René Hébert, à l'initiative des lois des suspects et du maximum, instigateur de la déchristianisation, membre du club des Cordeliers, trouve la Convention trop modérée, et en appelle à la Commune de Paris pour durcir encore la politique grâce à son insurrection. Les modérés Danton et Robespierre, peu enclins au populisme des « exagérés », s'entendent dans un premier temps pour écarter la menace hébertiste. Ce dernier est arrêté en mars 1794, alors qu'il prépare une insurrection des sections, et est guillotiné le 24. Mais Danton est vite rattrapé par son modérantisme. En effet, il réclame depuis plusieurs mois, face aux victoires militaires de la fin de l'année 1793 et le règlement des soulèvements intérieurs, la fin du gouvernement d'exception et l'application de la Constitution de 1793. Lui et son groupe prônent l'apaisement et la clémence, ce qui leur vaut le surnom d'« indulgents ». Il est arrêté dans la nuit du 29 au 30 mars 1794 et est exécuté le 5 avril.

La loi du 10 juin 1794 précipite la fin de la Terreur. Supprimant certaines garanties habituelles de la justice pour les suspects (défenseur, témoignages écrits), elle ne prévoit qu'une seule peine (la mort), tout en définissant des motifs de condamnation plus restreints. Son application ne rend toutefois pas compte de cet aspect restrictif : elle conduit à une explosion des exécutions, faisant 1 376 victimes en l'espace de six semaines. Cette « grande terreur », couplée à de nouveaux troubles frumentaires, réveille l'agitation parisienne. Robespierre plaide pour un renouvellement des comités, une nouvelle alliance au sein de la Convention. Mais hors la Convention, les tensions règnent également entre les deux comités qui dirigent la France. Le Comité de sûreté générale se sent spolié d'une partie de ses fonctions par la création d'un bureau de police générale. Au sein même du Comité de salut public, les hommes se divisent sur l'application des lois d'exception par les comités de surveillance, qui sont supprimés par la loi du 29 floréal (18 mai 1794), renvoyant au seul tribunal révolutionnaire parisien les suspects de crimes contre-révolutionnaires. Robespierre a également contre lui la colère des représentants en mission, semoncés pour leurs excès, et celle des modérés qui ne comprennent pas le maintien d'un gouvernement d'exception dans une France pacifiée à l'intérieur et victorieuse dans sa guerre contre l'Europe.

Le 9 thermidor, Louis Antoine Saint-Just puis Robespierre sont interrompus à la tribune de la Convention par leur ancien allié, Jean-Marie Collot d'Herbois, président de l'Assemblée. Un décret d'accusation contre eux et Georges Couthon est voté. Arrêtés, ils s'évadent et se réfugient, grâce à l'aide de la Commune de Paris, à l'Hôtel de Ville. La Convention les déclare aussitôt hors-la-loi, ce qui les condamne à mort sans procès. Les sections, appelées à l'insurrection par la Commune afin de soutenir les condamnés, ne se soulèvent que timidement. Maximilien Robespierre et une vingtaine de ses partisans sont guillotinés le 27 juillet 1794, ainsi que leurs soutiens à la Commune, portant à 108 le nombre de victimes du complot du 9 thermidor.

LE CLUB DES CORDELIERS

Outre le club des Jacobins, le club des Cordeliers a également participé activement à la vie politique durant la Terreur, souvent à l'origine des lois sociales les plus avancées. La Société des droits de l'homme et du citoyen doit son nom au couvent de moines franciscains (surnommés « cordeliers ») où se réunissent ses assemblées. Créé en 1790 à Paris, son entrée est libre de cotisations, contrairement à celui des Jacobins, dont il est le rival, ouvrant ainsi ses portes à une population de tous horizons. Il est animé par Georges Danton, Jean-Paul Marat, Camille Desmoulins (1760-1794) et Jean-Baptiste Hébert. Son activité repose sur le maintien de la pression populaire, grâce à l'insurrection, sur les différentes assemblées. C'est lui qui organise, le 17 juillet 1791, la manifestation du Champ-de-Mars contre le rétablissement de Louis XVI dans ses fonctions après son arrestation à Varennes, manifestation qui tourne à la fusillade. Également actif dans l'organisation de l'insurrection du 10 août 1792 et celle de mai 1793 qui conduisent à la chute des Girondins, il se divise en deux courants : celui des « indulgents », modérés, représentés par Georges Danton, et celui des « exagérés » avec à leur tête Jean-Baptiste Hébert. Tous deux sont guillotinés en mars 1794, mettant un terme à l'activité du club.

RÉPERCUSSIONS

LES VICTIMES DE LA TERREUR

Les victimes de la Terreur se comptent aussi bien dans la capitale qu'en province. Ce sont en tout plus de 16 000 personnes qui sont guillotinées, dont presque 3 000 à Paris. Dans la capitale, le tribunal révolutionnaire a condamné près de 1 250 personnes entre l'automne 1793 et les lois de prairial (mai-juin 1794), et plus de 1 300 dans le mois qui précède l'arrestation de Robespierre.

La répression du mouvement fédéraliste à Lyon a fait près de 1 700 victimes. À Nantes, entre les fusillades de prisonniers et les noyades, ce sont entre 2 000 et 4 000 prisonniers qui ont péri pendant la mission du représentant Jean-Baptiste Carrier. Au total, le nombre de victimes de la Terreur est estimé à plus de 30 000 morts (sans compter la centaine de milliers causée par la guerre de Vendée), dont la grande majorité – près de 80 % – est issue du peuple.

LA RÉACTION THERMIDORIENNE

Au lendemain de la mort de Robespierre, la Convention, alors dite thermidorienne, procède à une libération massive des suspects de la Terreur (près de 15 000 prisonniers voient s'ouvrir les portes de leur geôle) et à une politique d'épuration.

Le 29 juillet, elle vote le renouvellement des deux comités, dont l'activité est réorganisée le 24 août. Les attributions du Comité de salut public sont réduites, au profit du nouveau Comité de législation auquel est confiée une partie de l'administration intérieure du pays. La loi du 22 prairial, qui durcissait les conditions de comparution des accusés devant le tribunal révolutionnaire, est abolie le 1ᵉʳ août. Le 13 du même mois, près des deux tiers des représentants en mission sont relevés de leurs fonctions et remplacés. La durée de leur mission est désormais limitée à trois mois dans les départements et à six mois dans les armées.

Le club des Jacobins, dont les membres sont régulièrement pris à partie dans des rixes de rue, est fermé le 12 novembre 1794, et les 48 sections parisiennes, foyers des soulèvements populaires, sont regroupées en 12 arrondissements, défaisant ainsi les réseaux d'entente et de solidarité. En novembre s'ouvre le procès de Jean-Baptiste Carrier, qui se transforme en procès de la Terreur. Il est guillotiné le 16 décembre 1794.

En mars 1795, les anciens amis de Robespierre au Comité de salut Public, Bertrand Barère, Jacques Nicolas Billaud-Varenne et Jean-Marie Collot d'Herbois, qui avaient participé au complot contre lui, sont arrêtés à leur tour et déportés en Guyane.

LA TERREUR BLANCHE

La Convention, qui tente de se purger des scories du gouvernement terroriste – en ouvrant les prisons, en autorisant, le 10 janvier 1795, le retour des émigrés ayant quitté la France après le 31 mai 1793, en ayant permis la sortie de la clandestinité de nombreux prêtres réfractaires grâce au rétablissement de la liberté de culte le 21 février –, sème le germe d'un gigantesque mouvement de ven-geance, nommé « Terreur blanche ». En effet, les victimes de la Terreur, réhabilitées et libérées, se retrouvent face à leurs bourreaux, dont beaucoup sont assignés à résidence par la loi du 23 février 1795, et donc livrés à leurs ennemis. Des listes de terroristes à éliminer sont dressées dans toutes les villes où leur violence s'est exer-cée. Les représailles les plus violentes ont lieu dans les régions où le fédéralisme a été le plus durement réprimé : les prisonniers terroristes sont massacrés dans les prisons lyonnaises les 4, 5 et 6 mai 1795, à Aix-en-Provence les 10 et 11 mai, au fort Saint-Jean à Marseille le 5 juin.

La Convention se trouve donc, durant la première moitié de l'année 1795, aux prises avec la répression aussi bien des anciens terroristes de l'an II qu'avec les acteurs de la Terreur blanche. Le 22 août 1795, la Convention adopte une nouvelle Constitution. Celle-ci déchaîne encore une fois les passions parisiennes, qui y voient le retour des idéaux terroristes. Le soulèvement des sections qui a lieu le 5 octobre 1795 (13 vendémiaire), après le plébiscite de la Constitution, est réprimé dans le sang, en particulier par l'action du général Napoléon Bonaparte.

Le 26 octobre se tourne la page de la Convention. Après le vote de l'amnistie générale des faits de Révolution, afin de tenter de mettre un terme à la Terreur et à la répression anti-terroriste, elle termine ses travaux et se retire au profit du nouveau corps législatif mis en place par la nouvelle Constitution de l'an III. S'ouvre alors le Directoire, qui supprime, le 4 novembre 1795, le Comité de sûreté générale, dernier vestige de la Terreur.

RÉVOLUTION ET TERRORISME, UN DÉBAT HISTORIOGRAPHIQUE

Si la réaction thermidorienne a été une condamnation du système terroriste, c'est avant tout parce que la Convention, pour légitimer sa continuité, devait se disculper. Il lui a donc fallu faire porter sur un petit groupe de personnes la responsabilité des exactions commises pendant moins d'un an et placer Robespierre en posture de dictateur. C'est cette image de la Terreur qui a perduré pendant plus d'un siècle, occultant derrière l'intensité de la violence répressive la vigueur des débats et la valeur des progrès accomplis dans les domaines économiques et sociaux, progrès qui vont participer à la fondation de la République démocratique française tout au long du XIXᵉ siècle. Mais on a également longtemps passé sous silence l'intensité de la vie culturelle et scientifique, qui se poursuit même pendant ces années noires, souvent encouragée par la Convention qui y voit un moyen de propagande efficace. Et enfin, la démesure de la répression de quelques représentants en mission et de certains comités révolutionnaires fait oublier le travail de médiateurs et de temporisateurs accompli par de nombreux autres représentants en Isère, dans les Vosges ou dans l'Aisne, et le discernement de nombreux tribunaux révolutionnaires, loin du terrifiant tribunal parisien. De plus, le personnage de Robespierre ne se résume pas, si tant est qu'elle soit juste, à l'image d'un dictateur froid et sanguinaire. Il n'a en effet jamais concentré le pouvoir entre ses seules mains, n'étant qu'un membre, certes influent et convaincant, d'une direction bicéphale de l'État. L'histoire en dessine depuis plusieurs décennies un portrait complexe, celui d'un personnage tiraillé entre ses idéaux républicains et humanistes et la réalité de l'exercice du pouvoir dans un pays en révolution. Ce qui pose par ailleurs une autre question historiographique : la révolution elle-même, plus que ses acteurs, est-elle le terreau ou le germe de toute forme de terreur ?

1789	Révolution française
21 sept. 1792	Proclamation de la Première République
21 janv. 1793	Exécution de Louis XVI
10 mars 1793	Création du tribunal révolutionnaire
1793-1794	Répression des soulèvements provinciaux
Mars 1794	Exécution de Danton
27 juil. 1794	Exécution de Robespierre
Juil. 1794-oct. 1795	Fin de la Terreur
26 oct. 1795	Début du Directoire

La Terreur © 50MINUTES.com

- Le 21 septembre 1792, la Première République est proclamée.
- Le 10 décembre 1792 débute le procès de Louis XVI, arrêté après le soulèvement de la Commune de Paris le 10 août de la même année. Il est condamné à mort et est exécuté le 21 janvier 1793.
- Après le Comité de sûreté générale créé le 2 octobre 1792, les différents organes d'un gouvernement révolutionnaire sont mis en place : la fonction de représentants en mission pour les départements est créée le 9 mars 1793, le tribunal révolutionnaire le 10 mars 1793, les Comités révolutionnaires le 21 mars 1793, et le Comité de salut public le 6 avril 1793.

- Entre l'automne 1793 et le printemps 1794, les soulèvements provinciaux sont réprimés dans le sang, à Lyon, Marseille et en Vendée.

- En mars 1794, Jacques-René Hébert et Georges Danton, incarnant respectivement les tendances extrémiste et modérée du Comité de salut public, sont guillotinés.

- Le 10 juin 1794, la loi dite du 22 prairial supprime toutes les garanties de la justice pour les suspects. Entre le 10 juin et le 27 juillet, le tribunal condamne à mort autant de victimes qu'entre septembre 1793 et juin 1794.

- Le 27 juillet 1794 (9 thermidor), suite à un complot, Robespierre et ses partisans à la Convention et à la Commune sont arrêtés et guillotinés.

- Entre juillet 1794 et octobre 1795, la Convention met fin au régime de la Terreur et organise la répression des réactions anti-terroristes surnommée Terreur blanche.

- Le 26 octobre 1795 s'ouvre le Directoire, qui prendra fin le 9 novembre 1799, lorsque Bonaparte établira le Consulat.

POUR ALLER PLUS LOIN

SOURCES BIBLIOGRAPHIQUES

- BIARD (Michel), BOURDIN (Philippe) et MARZAGALLI (Silvia), *1789-1815. Révolution, Empire, Consulat. Histoire de France*, Paris, Belin, 2009.
- BIARD (Michel), *Les politiques de la Terreur 1793-1794*, Rennes, Presses universitaires de Rennes et Paris, 2008.
- BIARD (Michel) et BOURDIN (Philippe), *Robespierre, portraits croisés*, Paris, Armand Colin, 2012.
- FURET (François) et RICHET (Denis), *La Révolution française*, Paris, Hachette, 1973.
- JOUETTE (André), *Toute l'Histoire*, Paris, Perrin, 1989.
- MOURRE (Michel), *Dictionnaire encyclopédique d'Histoire*, Paris, Bordas, 1996.
- OZOUF (Mona) et FURET (François), *Dictionnaire critique de la Révolution française*, Paris, Flammarion, 1992.
- WAHNICH (Sophie), *La Liberté ou la Mort. Essai sur la Terreur et le terrorisme*, Paris, Éditions de la Fabrique, 2003.

SOURCES COMPLÉMENTAIRES

- ARASSE (Daniel), *La guillotine et l'imaginaire de la Terreur*, Paris, Flammarion, 2010.
- BACZKO (Bronislaw), « Briser la guillotine. Une amnistie thermidorienne », in *Crime, Histoire & Sociétés*, vol. 8, n° 2, 2004.
- BART (Jean), « Les anticipations de l'an II dans le droit de la famille », in *Annales historiques de la Révolution française*, n° 300, 1995, p. 187-196.

- BIARD (Michel), « Les pouvoirs des représentants en mission sous la Convention », in *Annales historiques de la Révolution française*, n° 311, 1998, p. 3-24.
- CADIO (Émilie), « Le Comité de sûreté générale (1792-1795) » in *La Révolution française*, n° 3, 2012.
- « Comités de surveillance et pouvoir révolutionnaire », in revue *Rives nord-méditerranéennes*, n° 18, Aix-en-Provence, 2004.
- GROSS (Jean-Pierre), « Florent Robin, Les représentants en mission dans l'Isère : chronique d'une Terreur "douce" (1793-1795) », in *Annales historiques de la Révolution française*, n° 331, janvier-mars 2003.
- LADJOUZI (Diane), « Les journées des 4 et 5 septembre 1793 à Paris. Un mouvement d'union entre le peuple, la commune de Paris et la Convention pour un exécutif révolutionnaire », in *Annales historiques de la Révolution française*, n° 321, 2000, p. 27-44.
- LEGOFF (Jean-Baptiste), « Dénoncer les conventionnels pendant la Terreur et la Réaction thermidorienne : des logiques et pratiques entre local et national », in *Annales historiques de la Révolution française*, n° 372, 2013, p. 81-104.
- LINTON (Marisa), « Robespierre et l'authenticité révolutionnaire », in *Annales historiques de la Révolution française*, n° 371, 2013, p. 153-173.
- VOVELLE (Michel), *Le tournant de l'An III*, Paris, CTHS, 1997.

ROMANS ET MÉMOIRES

- BELAICHE-DANINOS (Paul), *La Révolution fracassée*, 2013.
- BELAICHE-DANINOS (Paul), *Les 76 jours de Marie-Antoinette à la Conciergerie*, 2006.
- BOUCHARD (Nicolas), *La Sybille de la Révolution*, 2011.
- CHANDERNAGOR (Françoise), *La Chambre*, 2002.
- CLÉRY (Jean-Baptiste), *Journal de ce qui s'est passé au Temple*, 1989.

- DUMAS (Alexandre), *Le Chevalier de Maison-Rouge*, 1846.
- FRANCE (Anatole), *Les dieux ont soif*, 1912.
- HUGO (Victor), *Quatrevingt-treize*, 1874.
- ROLAND (Manon), *Mémoires*, 1986.
- TOURZEL (Louise de), *Mémoires de la gouvernante des enfants de France*, 1986.

FILMS

- *Danton*, film d'Andrzej Wajda, avec Gérard Depardieu, Wojciech Pszoniak et Anne Alvara, France-Pologne, 1983.
- *La Nuit de Varennes*, film d'Ettore Scola, avec Jean-Louis Barrault, Marcello Mastroianni et Hannah Schygulla, France-Italie, 1982.
- *La Révolution française*, film de Robert Enrico et de Richard Effron, avec Jean-François Balmer, Jane Seymour et Andrzej Seweryn, France, Allemagne, Italie, Royaume-Uni et Canada, 1989.

MONUMENTS COMMÉMORATIFS

- Le palais de la Conciergerie, Paris (France).
- Le jardin des Tuileries, Paris (France).
- La place de la Concorde, Paris (France).
- Le couvent des Jacobins, Paris (France).
- Le musée de la Révolution française, Vizille (France).
- Le monument aux Girondins, Bordeaux (France).
- La chapelle expiatoire des Chartreux, Lyon (France).
- La chapelle des Brotteaux, Lyon (France).

50MINUTES

Art

Business

Histoire

SOYEZ LÀ
OÙ ON NE VOUS ATTEND PAS !

www.50minutes.com

www.50minutes.com

Éditeur responsable : Lemaitre Publishing
Rue Lemaitre 4 | BE-5000 Namur
info@lemaitre-editions.com

ISBN ebook : 978-2-8062-5922-6
ISBN papier : 978-2-8062-5923-3
Dépôt légal : D/2014/12603/230
Photo de couverture : © *The Plundering of the King's Cellar, Paris, 10th August, 1793*, par Richard Earlom.

Conception numérique : Primento,
le partenaire numérique des éditeurs